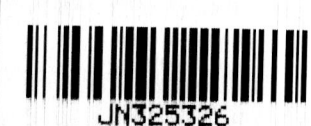

しずおか
和本舗

甘味本

和菓子&甘味処　門前町散歩

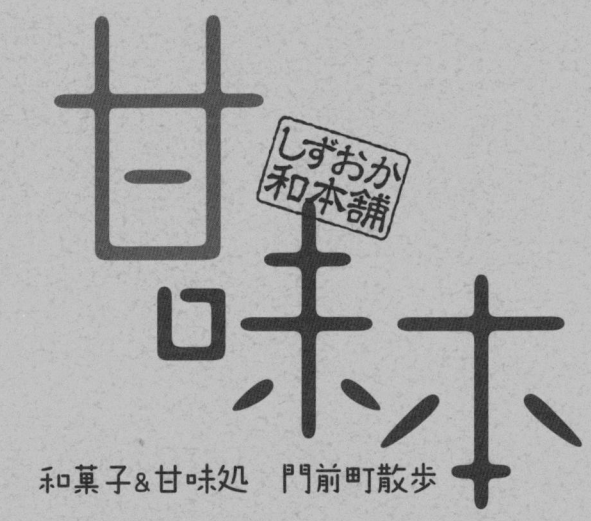

目　次

のほほん甘味な和み時間

甘味処セレクション…………04

06　芙蓉
08　福屋
09　o'-chaya
10　どっこいしょ
12　おあ志す
13　起多乃
14　船橋舎
16　よもぎ埜
17　小倉屋
18　邑
20　ほっ
21　みどりや

ほっこり甘味なとっておき

和菓子カタログ……………………23

24　小戸橋製菓
25　ときわぎ／永楽堂
26　ふかせ菓子店／あまの／ほさか／
清光堂
27　兎月園
28　中山豆店／わかつき
29　小松屋
30　庵原屋／追分羊かん
31　飯塚製菓／松木屋／水月／増田屋
32　カクゼン桑名屋
33　松柏堂本店／仁志乃
34　飴屋河合
35　フォンテーヌ府中屋／清水屋
36　おたけせんべい本舗／たいやきや／
加藤菓子舗／松浦食品
37　季の菓・和
38　かめや本店
39　もち屋／おいもや／五太夫きくや／
栄正堂
40　又一庵／福づち
41　むらせや／春華堂本店
42　杉野屋
43　卯月園／大しろ

門前町の甘味なお散歩

……………………………………46

46　静岡浅間神社・浅間通り商店街
54　三嶋大社・門前町
60　富士山本宮浅間大社・お宮横丁
66　興津清見寺・旧東海道
70　森町小國神社・小國ことまち横丁

コラム

……………………………………

44　静岡自慢のおまんじゅう比べ
58　お家で和菓子講座①「季節道明寺」
74　お家で和菓子講座②「黒糖わらびもち」

……………………………………

76　和菓子カタログINDEX

どっこい

甘味処
セレクション

のほほん甘味な和み時間

あんみつ、ぜんざい、ところてん。
白玉、アイスクリーム、小豆餡。
思い浮かべるだけで、うっとりしてしまう
甘味の数々。
その甘さは、そこに出掛けなければ
味わえないというのも、いとおしい。
時間がゆったり流れる、甘美な癒やしの空間。
「甘味処」へようこそ。

《店データの見方》[住]住所　[T]電話　[営]営業時間　[休]定休日　[P]駐車場　[HP]ホームページ　●おすすめメニュー

畳の上でゆったり味わう、抹茶と白玉餡のしあわせ

「抹茶白玉あずき」(塩昆布と煎茶付き)700円

茶庵 芙蓉《ふよう》

修善寺温泉街のメーンストリートをはずれ数分。史跡、源範頼の墓のすぐ隣り。まさにひと休みにピッタリの落ち着いた雰囲気の甘味処が見えてくる。店の一番人気は「抹茶白玉あずき」。手作りの白玉は少し大きめでぷるんとした食感。京都から取り寄せる濃い目の抹茶アイスと、専門の職人が炊いた小豆餡は、すっきりした甘さの大人の味わいだ。「抹茶」に添えられる上生菓子は、オーナー自ら探し出した逸品(月替わり)。庭を眺めながら味わいたい。

住伊豆市修善寺1082
T0558・72・0135　営10:00〜夕方
休不定休　P1台
おすすめ…「自家製梅ジュース」400円、「くずきり」700円、「おしるこ」600円

「抹茶」(季節の上生菓子付き)750円

「クリームあんみつ」
（抹茶orバニラ）」700円

たまには和服で、ジャパニーズスイーツ

甘味処 福屋《ふくや》

一番のお薦めメニューは「クリームあんみつ」。この店のつるるん寒天を食べたら誰でもきっと虜になるはず。初島産天草を使用していて、なんともなめらか＆やわらか。ほのかな磯の香りもたまらない。注文後に茹でる白玉はプルプルとみずみずしく、甘さ控えめの餡とも好相性。「ところ天」や、あっさりした甘さの「おしるこ」（粒餡）500円は男性にも好評だ。「起雲閣」のチケット持参か、浴衣や着物の人は50円引きの特典もある。衣装もバッチリ決めて出掛けよう。

住 熱海市清水町10-10
T 0557・81・4777　営 10：00～19：00LO
休 水曜　P なし
HP http://www7b.biglobe.ne.jp/~atamifukuya/
●おすすめ…「ぜんざい」（もち入り）600円、「ところ天」500円、「草だんご付ホットコーヒー」500円

起雲閣のすぐ手前にある

「茶三燦（ちゃさんさん）」810円。抹茶クリームあんみつ、白玉抹茶きな粉、ほうじ茶ジェラートのミルフィーユの3点盛り

お茶屋で堪能したいお茶づくし

甘味処 o'-chaya《おちゃや》

茶メーカー・杉山製茶が経営する甘味処だから、どのメニューもお茶との相性はピッタリ。自家農園、自家製茶で仕上げられた「ふじのやぶ北茶」と、「お茶に合わせて作った」というパフェやあんみつを一緒にいただくのが定番の楽しみ方だ。砂時計を使用して、甘み、渋み、苦みと3煎を楽しむ「お煎茶セット」525円は、お茶好きにこそ味わってほしい一品。お茶の旨味を余すことなく堪能できると評判だ。運がよければ茶畑と富士山の絶景が見られるかも。

住 富士市厚原2002-4　T 0545・71・8480
営 11：00～18：00（LO17：00）
休 日曜、第2・4月曜　P 15台
HP http://www.o-chaya.com

●おすすめ…「白玉クリームあんみつ」760円、「抹茶ぜんざい」850円、「抹茶クリーム金時」（かき氷）730円

「和風抹茶パフェ」810円。抹茶とほうじ茶アイスにプリン、フルーツの豪華版

「クリーム白玉あんみつ」820円。蜜は沖縄産の黒糖使用

どっこいしょ

通称「伊豆高原のあんみつ屋さん」。あんみつ、みつ豆合わせて常時13種はそろっている。契約農家で栽培してもらっている十勝産の雅小豆、ほとんど流通していないという備中（岡山県西部）の白小豆、あんみつには欠かせない赤エンドウなど素材にはかなりのこだわりが。さらに白玉は注文が入ってから丸めて茹でるのでいつでも作りたて。まずは一番人気の「クリーム白玉あんみつ」を。白玉がもっと食べたいという人には「白玉だらけ」がお薦め。

住伊東市八幡野1151-19
T 0557・53・2113　営10:30ぐらい～17:30ごろ（LO17:00）
休木・金曜（祝日、繁忙期営業）　P 4台
●おすすめ…「白玉だらけ」680円、「冷やし白玉」580円、「ところてん」420円

緋毛せんを敷いた縁台で甘味を楽しむこともできる（混雑時は閉鎖）

伊豆高原で極上あんみつと茶筌珈琲

一煎ずつたてる「茶筌珈琲（小豆の流しもの付）」580円

「フルーツクリームあんみつ」620円。抹茶寒天やよもぎ白玉など、風味豊かな具が特徴。自家製黒蜜をお好みで

あんみつが16種類！庭を眺めながら優雅なひとときを

甘味茶房 おあ志す《おあしす》

静岡市清水文化センターの北側、幹線道路から少し入っただけなのに、静かで落ち着いた大人の隠れ家のような空間が出迎えてくれる。お薦めはなんといっても「フルーツクリームあんみつ」。寒天は、抹茶・牛乳・プレーンの3種類、白玉はよもぎとプレーンの2種類、アイスは抹茶とバニラの2種類とバリエーション豊かなトッピングがうれしい。他にもヨーグルト入りなどあんみつだけでも16種類がそろう。「抹茶セット」も、優雅な時間にはぴったりのメニューだ。

住 静岡市清水区桜が丘町4-13
T 054・352・9584　営 10：00～17：00
休 月曜　P 5台

●おすすめ…「ヨーグルト入りあんみつ」650円、「白玉しるこ」550円、「宇治ぜんざい」600円

大きく取られた窓からは、すっきりと設えられた庭が眺められる

「抹茶セット」600円。抹茶と自家製白玉・あんこのセット

「クリームあんみつ」525円。長年のファンが多い、一番の人気メニュー

甘くて懐かしい。デパートの甘味処

起多乃《きたの》

創業から40年近く。ショッピングの途中にホッとくつろげる街中のオアシスとして、母娘三代にわたって通い続けているというファンも多い。店内には、ところてんに使われる西伊豆産天草の塊が置いてあり、一から手作りというモットーがうかがえる。そんな店の一番人気メニューは自慢の手作り寒天が入った「クリームあんみつ」。大きなアイスクリームや求肥（ぎゅうひ）、たくさんのフルーツが、黒蜜のコクでまとめられ、ボリュームたっぷり。それでいて上品なところが魅力。

住 静岡市葵区御幸町10-2 松坂屋静岡店本館5F　T 054・254・1111（代）　営 10:00〜19:00（LO18:30）　休 なし（松坂屋に準ずる）　P あり（松坂屋に準ずる）

●おすすめ…「ネギラーメン」840円、「抹茶クリームソーダ」504円、「甘辛三昧」630円

「ところてん」399円は、通常は酢醤油だが、リクエストがあれば黒蜜でもOK。酢醤油にはワサビが添えてあり、さっぱりと爽やかな味わい

シンプルで清潔な店内。ゆっくり甘味とおしゃべりが楽しめる

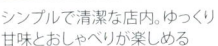

たおやかに流れる巴川沿い、のんびりくつろぐ和喫茶

「白玉クリームあんみつ」750円。これでもかと盛られたフルーツが圧倒的なボリューム

「おしるこカッポレ」650円。プルッとした白玉のおいしさが際立つ逸品

おしるこ喫茶 船橋舎《ふなばししゃ》

海に近い巴川の流れが、緩やかでノンビリとした雰囲気を醸し出す八千代橋のたもと。三角の尖塔の建物が、おしるこ喫茶「船橋舎」だ。創業200年の老舗菓子舗の直営だから、2日がかりで仕込む自家製餡や手作り餅など、和甘味の素材には不自由しない。旬のフルーツがたっぷりの「白玉クリームあんみつ」は、最後にかける黒蜜のコクがたまらない一品。ユニークな名前の「おしるこカッポレ」は、冷たい餡の上に白玉とアイスクリームがのったもの。

住静岡市清水区上2-1-20
T054・352・6915
営11:00〜18:00※日曜、祝日は13:00〜
休水曜　P7台

●おすすめ…「田舎じるこ」650円、「磯辺もち」600円、「フルーツパフェ」700円

奥に長く伸びる店内。西洋アンティーク風のインテリアで、大正ハイカラのムードたっぷり

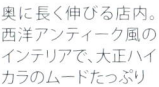

「黒みつかんてん」500円。寒天はもちろん、粒餡・黒蜜も自家製。あっさりしていて男性にも人気

ほんのり磯の香りとつるつるした喉越しを、召し上がれ

よもぎ埜《よもぎの》

下田出身の吉田福江さんが作る「寒天」が評判の甘味処。石廊崎や須崎など波の荒い海で育まれた手摘みの天草を水洗いし、天日干しなどを3週間以上繰り返し漂白。最後に鍋で7時間煮込んで固めるという作業を経てやっと寒天は完成する。半透明の自然な色合いは無添加の証。つるつるの喉越しとプリンプリンの歯応え、ほのかな潮の香りはここでしか味わえない。北海道産小豆の粒餡と沖縄黒糖の黒蜜を合わせた「黒みつかんてん」でそのおいしさを堪能して。

住静岡市駿河区丸子7-5-13-1
T054·259·7355　営10:00～19:00
休火曜　P5台
●おすすめ…「ざるかんてん」750円、「磯そば」900円、「ところてん」400円

少し奥まった場所にあるので、静かに過ごせる

「カレーライスセット」1,100円（カレー単品は750円）。11:30～13:30のランチタイム限定のお得なセット

「白玉クリームあんみつ」480円。アイスクリームではなく、あっさりとしたソフトクリームを合わせるのが小倉屋流

きんつばを買いながら、昭和レトロな店内でホッとひと息

きんつばの 小倉屋《おぐらや》

昭和25年の開店以来、昔ながらの刀の鍔（つば）の形をした「きんつば」が評判。昭和の風情が残る店内では、和菓子店ならではの素材を使った甘味が楽しめる。店主が「店の生命線」と言う粒餡は、しっかりとした甘さがある濃厚なおいしさ。さっぱりソフトクリームと合わせた「白玉クリームあんみつ」は人気が高い。きんつばとは別の製法で作っているというあんこを使った「田舎志るこ」もお薦め。

「田舎志るこ」430円。注文が入ってから炙るという餅の香ばしさが、郷愁を誘う一杯

住島田市日之出町2-22
T 0547・35・4040　営9:00～19:00
休水曜　Pあり
●おすすめ…「きんつば」120円、「クリームぜんざい」480円、「ぞうに」（11月中旬～3月）560円

JR島田駅近くの一方通行の道沿い。「きんつば」の暖簾が目印

ジャズと創作あんみつと、抹茶ラテ

「わらびもちあんみつ」800円

wagashi&café 邑《ゆう》

創業100余年という老舗和菓子店「巖邑堂」の直営カフェ。5代目・内山弘守さんが「本物の和菓子をもっと気軽に味わってほしい」と始めた。和の趣を取り入れたモダンな店内にはジャズが流れ、メニューには店主の遊び心がいろいろ。中でも「さくら」、「紫陽花」など一皿で季節を表現した創作あんみつは見てかわいく、食べておいしいここならではのもの。マダムを気取って季節の上生菓子を抹茶といただくのもいいし、ミニどらやきとラテの組み合わせもお薦め。

住浜松市中区伝馬町60 マルモビル1F
T053・452・8132　営10：00～21：00
※夏期の金・土曜は～23：00　休水曜
P3台　HPhttp://cafeyuu.web.fc2.com

●おすすめ…「かき氷」(9種類) 600～780円、「創作あんみつ」(6種類) 650～800円、「栗おこわ御膳」(平日11：00～14：00限定) 1,200円

「ミニどらやき」1個80円～、「邑ラテ」400円

抹茶ラテ「粉雪」500円

「抹茶アイスぜんざい」500円

和菓子屋さんのやさしい「ぜんざい」に、ほっ

茶房　ほっ

　気取りのない、ほっと和めるこれぞ正統派甘味処。それもそのはず、ここは素朴な和菓子が人気の「神村製菓舗」の営む店。毎朝杵と臼でついている餅や職人技のあんこを使ったメニューがそろっている。人気の「ぜんざい」は白とよもぎ２つの餅が入って、その上にアイスクリームとあんこという豪華バージョン。ほかにも手作り「コーヒーゼリー」、一年中楽しめる「かき氷」、たくあん入り「お好み焼き」などなど…、いずれも超庶民派。甘味処はこうでなくちゃ。

住 浜松市中区富塚町1881
T 053・471・3057　営 11：00〜17：00
休 火曜※3月中旬〜5月と、年末年始は休業
P 4〜5台
●おすすめ…「ぜんざい」600円、「かき氷」300円〜、「お好み焼き」600円

「コーヒーゼリー」500円

「あづま焼き（あんこ・クリーム）」
※6月下旬～9月下旬販売休み

素朴で懐かしい、変わらない味がなにより魅力

かき氷「いちごミルク」300円※5月1日～10月10日

「だんご」（醤油、きな粉）１本40円※8月販売休み

みどりや

親子２～３代にわたる常連がいるほど地元民に愛され続けている店。卵をたっぷり使った、外はパリッと中はふんわり焼き上げた「あづま焼き」や、丁寧に手焼きした香ばしい「だんご」は、店の看板メニュー。何年たっても変わらないこの素朴な味こそ、店の最大の魅力なのだ。88種類の、夏の定番「かき氷」は、休日には行列ができるほど。フワッとしていて、口に入れればサラッと溶けていく。その食感がたまらない。

住浜松市中区元浜町84
T053・471・3388　営10：00～20：00
休月曜　P4台
●おすすめ…「あづま焼き」（あんこ・クリーム）80円、「かき氷」（88種類）200～600円

初雪
Hatsuyuki

和菓子カタログ

ほっこり甘味なとっておき

たい焼き、ようかん、団子、きんつば。
最中、まんじゅう、大福、どら焼き。
郷愁を感じるいろいろな和菓子。
口に入れると、自然とココロが丸くなって、
やさしい顔になるから不思議。
そんな和菓子の“とっておき”をそろえました。

より取り見取り。
あなたは、どれがお好み？

店の詳しい情報はP76～79にあります。取り寄せ情報も掲載しています。

小戸橋製菓「猪最中」

——伊豆 P76

丸々としたイノシシがかわいい最中。風味豊かな粒餡とサクッと軽い皮が美味。栄養価を高めた北海道のミネラル小豆などの厳選素材をじっくりと炊き上げている。110円(1個)

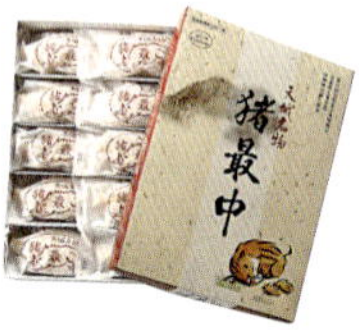

ときわぎ「きびもち」

熱海 P76

ほんのり甘くやわらかな食感の餅に、滋味豊かなきな粉がふんわり。添加物を使用せず、大正創業当時から受け継ぐ製法を守り続けているとか。出来たてをという気持ちから、注文後に切り分けてくれる心遣いもうれしい。750円（16個入）

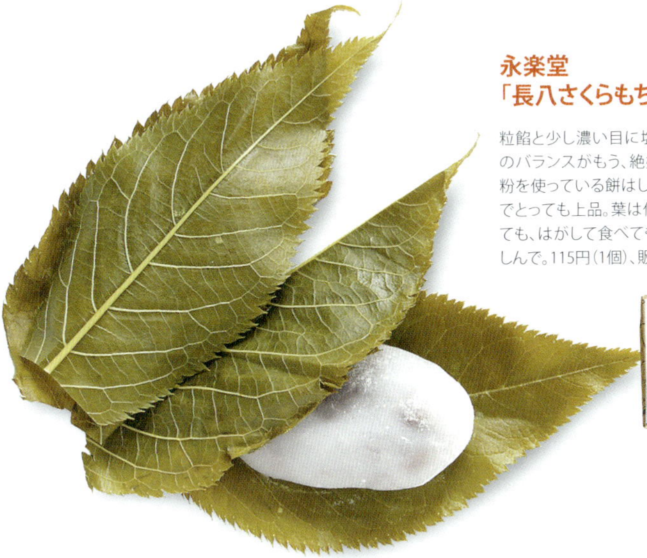

永楽堂
「長八さくらもち」

松崎 P76

粒餡と少し濃い目に塩漬けした桜葉のバランスがもう、絶妙！上新粉と餅粉を使っている餅はしっとりやわらかでとっても上品。葉は付いたまま食べても、はがして食べてもOK。好みで楽しんで。115円（1個）、販売は2個〜

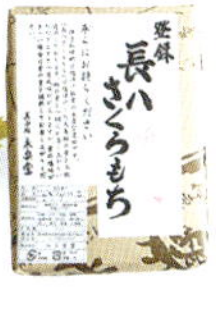

ふかせ菓子店「狩野川の若鮎」

伊豆の国P76

狩野川名物のアユが最中に大変身。中身は粒餡とうぐいす餡の2種類。60年以上の歴史を持ち、昔は芸者さんに人気だったとか。頭の先から尻尾の先まで手で丁寧に詰められた餡は、ほっこりとやさしい味わい。100円(1個)

あまの「揚萬念」

沼津 P76

こし餡入りのまんじゅうを油で揚げた一品。香ばしい香りとカリカリッとした食感、やさしい甘みが口に広がりクセになりそう。チョコで包んだ「あげチョコっと」や、梅やショウガなど旬の素材を餡にした「旬彩揚萬念」とバリエーションもいろいろ。84円(1個)

ほさか「栗せん」

沼津 P76

キュートなビジュアルに思わずニンマリ。原料は北海道産インゲン豆の白餡と卵、砂糖のみで、発売以来80年変わらぬ製法を守っているとか。そのシンプルで上品な甘さは手土産にもピッタリ。割れせんのお徳用袋もあって人気。400円(18枚入)

清光堂「やきだんご」

沼津 P76

日に300～400本は売れるという人気商品。創業以来80余年変わらぬ味を守り続けている。軽く焦げ目をつけて、濃い目のたれをたっぷりまとった団子は、回りはパリッと香ばしく、中は程よい弾力とやわらかさ。何本でもいけそう。100円(1本)

兎月園「上生菓子」 三島 P76

キレイ！食べるのがもったいないくらい。これぞジャパニーズスイーツの魅力。常時10種類前後並ぶ上生菓子は、季節を表すアートかも。お遣い物にもお薦め。約半分のサイズのミニ上生菓子もある。220円(1個)

中山豆店の「甘納豆」

富士 P77

60年続く老舗和菓子屋が毎朝手作りする無添加の甘納豆。「小豆」、「金時豆」、「青えんどう」、「白いんげん」、「そら豆」の5種類がある。すべて100gからの量り売り。9月～1月初旬の期間限定でお目見えする「栗納豆」もお見逃しなく。179円（100g）、栗納豆840円（100g）

わかつき「あんみつ」

富士 P77

ミネラル豊富な天草から作る寒天は磯の香りがふわっと漂うさっぱりとした口当たりで十勝産小豆餡との相性はバツグン。蜜は沖縄産黒糖を使ったコクのある黒蜜と、さっぱりした甘みの白蜜の2種類。あなたはどっち派？400円（1個）

小松屋「家紋入りごだん」 — 静岡 P77

慶事や仏事の引き出物として使われてきた「ごだん」を現代風にアレンジ。家紋が入ったようかん、練り切り、せっぺいと品数は変わらないが、少人数の家族に合わせて小ぶりのサイズに。家紋の木型は100種類以上そろうという。1,100円（中）

庵原屋「たま最中」 ——静岡 P77

最中のイメージを一新しようと2003年に発売。まん丸なかわいい形と食べやすいミニサイズが女性に好評だ。「アイスクリームと一緒に食べてもおいしい」と4代目店主心得の望月一徳さん。そのアイデア、いただき！95円（1個）、1,050円（10個入）

追分羊かん「追分羊かん」 ——静岡 P77

創業は元禄8年(1695)。竹皮包みの素朴な味が東海道を行き交う旅人に愛されてきた。もっちりした歯応えと竹皮の香りが移った上品な甘さが特徴で、徳川15代将軍慶喜公もごひいきだったとか。竹皮のまま切って召し上がれ。970円（1棹）

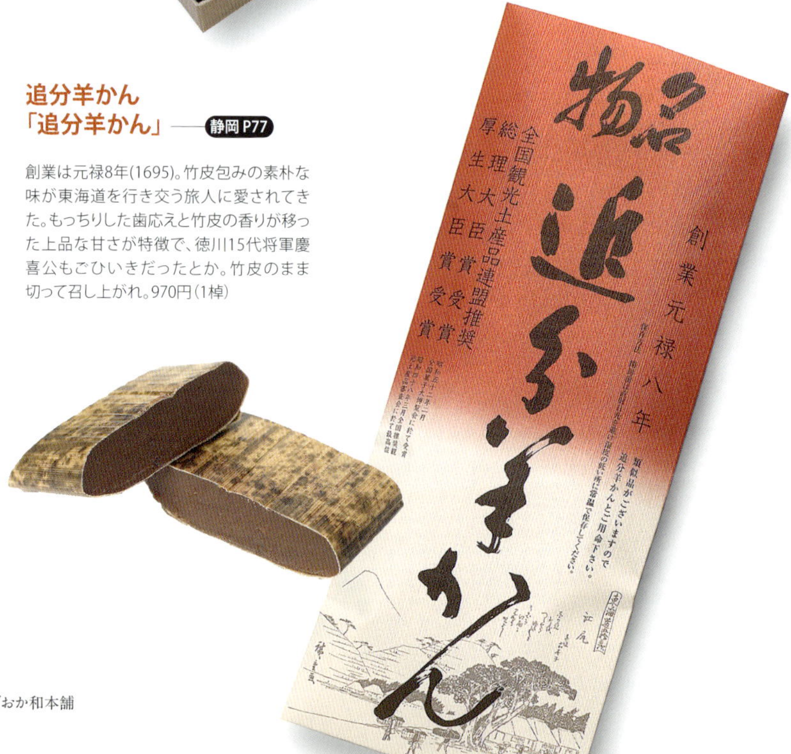

飯塚製菓「アイスまんじゅう」

静岡 P77

花の形をしたミルキーなアイスの中に、ほどよい甘さの上品な粒餡。ダブルな甘さ？と思いきや意外にあっさり。アイスが緑色の抹茶味もある。この店、静岡では珍しい「アイス」の専門メーカーで工場直売というのも魅力。80円（1本）

松木屋「うさぎ餅」

静岡 P77

羽二重餅で餡を包んだお餅。昔は東海道古庄の名物で、江戸後期の狂歌師である太田蜀山人が「耳長ふ聞き伝えきし 兎餅 月もよいから あがれ名物」と歌ったという。時代が移り変わって今は松木屋さんが伝統の味を守る。105円(1個)

水月「うわさのどら焼き」

静岡 P77

なんてボリューム！ひと目見るなり驚いてしまうユニークな姿。テニスボールより一回り小さいくらいの餡のボールを皮ではさんである。甘さ控えめの餡だから、見た目のわりにはあっさりしていて小豆本来の味が楽しめる。178円（1個）

増田屋「よろづ代」

静岡 P77

泡立てた卵白に寒天、砂糖などを加えて作った淡雪を直方体に切り、一面一面、黄身を塗って銅板の上で焦げない程度に焼き上げてある。ふんわりと弾力があってやさしい甘さ、かすかな香ばしさもある。茶席にも好評の上品な逸品。75円（1個）

カクゼン桑名屋「8の字」——静岡 P77

材料は、小麦粉・砂糖・卵だけと、いたってシンプル。サクッとした軽い食感で口溶けが良く、ふんわりと口の中に広がる懐かしい甘みが特徴。戦前から何も変わらない老若男女に愛される静岡の銘菓だ。320円（120g）

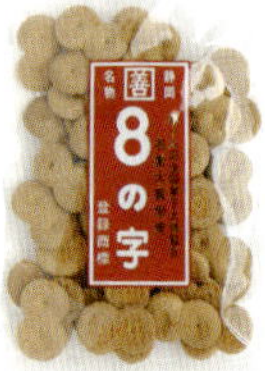

松柏堂本店「新あべ川餅」 静岡 P77

「新」とあって、安倍川餅がグッとオシャレで上品な味わいに変身。さらに餅は羽二重餅、砂糖は和三盆、きな粉は丹波黒豆きな粉とどれも高級品を使用。桐箱は、開ければ蓋が皿になる。予約制。1,000円（1箱）

仁志乃「だんご」 静岡 P78

「みたらし」、「ゴマみつ」、「いそべ」は店のトップ3。オーダーが入ってから目の前で軽く焼いてタレをつけてくれる。ほかに「草あん」「七味しょうゆ」「磯とろろ」などもある。うるち米を使った団子というのも珍しいかも。115円(1本)

飴屋河合「だるま最中」

——焼津P78

ころんとしただるまの中に粒餡がぎっしり。地元・虚空蔵尊の祭りにちなんで先々代が50年ほど前に作り始め、毎年2月23日に開かれるだるま市では、多くの参詣客が土産として買い求めていく。赤だるまは抹茶餡入り。110円(1個)

フォンテーヌ府中屋
「サッカーエース最中」

藤枝 P78

昭和32年、静岡国体記念に市内の菓子屋数軒で考案したサッカーの町・藤枝の名物。見ての通り、サッカーボールの形で、かなりリアル。中には粒餡がぎっしり詰まっている。くれぐれも蹴ったりしないように。578円（6個入）

清水屋「黒大奴」

島田 P78

日本三奇祭の一つ「島田の帯祭り」の大奴にちなんで作られた銘菓。みずみずしく輝いた昆布入りのようかんで最高級のこし餡を包んでいる。しっとりしたようかんの口当たりと、きめ細やかな餡の舌触りが上品。945円（15個入）

おたけせんべい本舗「おたけせんべい」——藤枝 P78

おたけさんの作った煎餅だから「おたけせんべい」。明治のころからずっと、東海道を行く旅人の疲れを癒やしてきた。国産100%のうるち米を使用。軽い焼き加減とほんのりした甘さは当時のまま。子どもからお年寄りまで幅広い層に人気だ。花形・ざらめ70円(1枚)、亀甲・丹尺210円(1袋)、小判・白・青のり・さくら・ゆかり315円(1袋)

たいやきや「抹茶たいやき」——島田 P78

今や川根を代表する名物「抹茶たいやき」。北海道産小豆使用の粒餡はほんのり甘く、国産小麦粉など厳選された材料に川根抹茶をブレンドした皮は、ほろ苦く、お茶の香りも。予約すれば焼きたてを持ち帰ることができる。140円(1個)

加藤菓子舗「川根大福」——島田 P78

ふんわりポヨーンとやわらかい餅生地の中から顔を出すのは国産小豆で丁寧に作られたこし餡と生クリーム。なんとも和洋の塩梅が絶妙だ。 生地とクリームに川根茶の粉末が入った「お茶」と、「プレーン」の2種類がある。土・日曜は予約を。1,025円(6個入)～

松浦食品「芋まつば」——吉田 P78

昔懐かしいサツマイモのかりんとう。100%国内産のサツマイモを使用し、自家ブランドの上質植物油でカラリと揚げる。ポリポリ軽やかな食感とお芋の甘さにハマッてしまったら最後！止まらなくなってしまうので要注意。345円(1袋)

季の菓・和「上生菓子」

──藤枝 P78

旬の素材を生かし四季を五感で感じられる「上生菓子」。こし餡と粒餡と、用いる小豆を変えて、毎月6種類作られる。写真は「玉菊」(上)と「初紅葉」。その時期しか食べることのできない"一期一会"の和菓子だ。250円(1個)

かめや本店
「亀まんじゅう」

——御前崎 P78

そのユニークなビジュアルに思わずニッコリ。遠州灘へ産卵にやってくる大海亀の子どもの成長を願って作られた郷土銘菓だ。北海道十勝産の小豆を100%使用した餡は、しっとりとした口当たり。選べる豊富なサイズも魅力の一つ。368円～（1個）

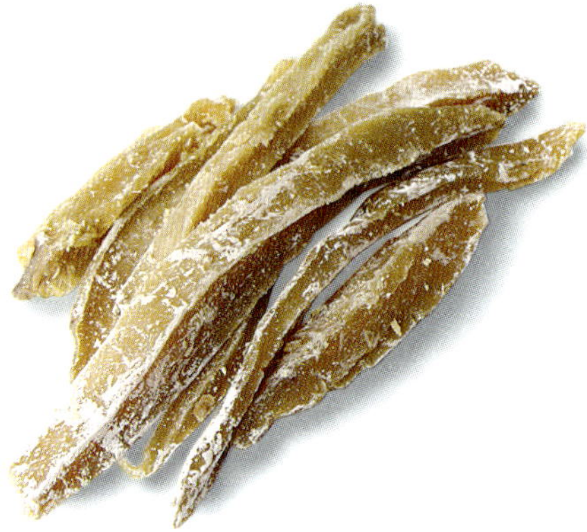

もち屋「振袖餅」 ―― 掛川 P78

毎朝一番につくという餅はとてもやわらかく、薄く伸ばしたそれは口の中に入れればとろけてしまうほど。餅、餡ともに甘さは控えめで、口当たりがよく食べやすいところも人気の秘密。定番の「白餅」と「よもぎ餅」の2種類が味わえる。110円(1個)

おいもや「干し芋角切り」 ―― 掛川 P79

掛川市生まれの芋「いずみ13号」を使用。収穫から1カ月間保管し甘みを熟成。やわらかでねっとりとした食感がクセになる。作りたての半生商品は12～3月の限定販売。4～11月の商品は白い粉がふいて、地元ではこちらの方が人気。452円(1袋)

五太夫きくや「丸凧」 ―― 袋井 P79

加藤清正と弁慶の図案が施された菓子で、袋井名物の丸い凧がその名の由来。餡はしっとりとしていて、甘さも程よく、気軽に食べきれるひと口サイズ。渋めのお茶と一緒にいただこう。85円(1個) ※冬期限定

栄正堂「梅衣」 ―― 森 P79

塩漬けして砂糖で煮込んだ上品な味に仕立てられたシソの葉をまとっているから「梅衣」。あっさりとした求肥(ぎゅうひ)餡との相性はバッチリ。酸味と甘みがバランスよく口の中に広がり、ついつい2つ目に手が出てしまう。130円(1個)

又一庵「きんつば」

—— 磐田 P79

小豆の皮が割れることなく餡の中にギッシリ。ミネラル豊富な塩を使うことで小豆本来の甘さと風味を引き出し、すっきりとした味わいに。表面のもっちりとした食感と、なめらかな餡の口当たりがやさしい。「小豆」、「栗」、「鶯」の3種類がある。120円（1個）、栗のみ150円（1個）

福づち「炭焼きみたらし団子」

—— 浜松 P79

杵でついた餅は力強いコシがあり、モチモチとした食感がいい。醤油、みりん、砂糖しか使わないたれは、とろ～りまろやかで懐かしい素朴な味わい。違う味も食べたい！そんな人には北海道産小豆を使用した「あん団子」がお薦め。80円（1本）

むらせや「栗むしようかん」——浜松 P79

北遠産の栗、十勝産の小豆、ミネラル塩と、とことん素材にこだわったようかん。なめらかなようかんの食感と栗のホクホク感は、丁寧な仕込みがあるからこそ。あまり冷やさず、ありのままのすっきりとした甘みを楽しんで。1,300円(1本)

春華堂本店「麦こがし」——浜松 P79

蜜漬けした一粒栗を、麦を細かく炒った粉でくるんだ素朴な菓子。ふわふわとした食感で口に入れるとほろほろとほぐれていく感覚がとてもやさしい。甘さ控えめで口当たりが上品な、栗好きにお薦めの一品。945円(5個入)

杉野屋「上生菓子」

——浜松 P79

職人の技が光る造形の美。まずは目で楽しんで。季節の移ろいを繊細に表現した色使いやデザインは、食べてしまうのがもったいないほど。菓子によって素材も食感もいろいろ。次のシーズンはどんな菓子に出合えるかとっても楽しみ。210円～（1個）

卯月園「うず巻」

新居 P79

独特な甘さと香りの秘密は、沖縄産の黒砂糖を使っているから。もっちりと弾むような生地は、食べてみると意外とふっくら。純粋な甘みと風味を味わえる生地のみのシンプルなものと、粒餡入りの2種類がある。145円（1個）、198円（餡入、1個）

大しろ「豆大福」

浜松 P79

一粒一粒コシがある黄金米という餅米で作った皮で包んだ逸品。北海道産の小豆を使った餡のほのかな甘みと赤エンドウの塩加減が絶妙のハーモニーを奏でる。早いときには昼前後にはなくなってしまうのでお早めに。170円（1個）

静岡自慢の
おまんじゅう比べ

東西に長い静岡県は、一口に「まんじゅう」と言っても、地域性や食文化に違いがあり、東部に「温泉まんじゅう」、中部に「小まんじゅう」、西部に「みそまんじゅう」と地域によってその種類を大きく分類できます。各地自慢のおまんじゅうを並べてみました。

《店データの見方》
[住]住所 [T]電話 [F]ファクス [営]営業時間 [休]定休日 ●値段 ★取り寄せ

▲あやめ園

皮はふんわりした口当たりで、餡にしっとりコクがある。

[住]伊豆の国市長岡176-8
[T]055・947・2084 [F]055・947・2084
[営]8:00～16:30 [休]水曜
●800円（15個入）～★取り寄せ可

◀あさ香（あさか）

伊豆箱根鉄道の伊豆長岡駅（コンビニ内）と修善寺駅構内で販売。餡がぎっしり。

[住]伊豆の国市長岡1350
[T]055・948・1539
[F]055・948・1539
[営]伊豆長岡駅6:30～20:00、修善寺駅8:00～18:00
[休]第2木曜
●650円（12個入）～
★取り寄せ可

▶黒柳（くろやなぎ）

「温泉まんじゅう」と名付けて、お土産として売り始めた店。餡はさっぱり。

[住]伊豆の国市長岡1288-6
[T]055・948・0789
[F]055・948・0788
[営]8:00～16:30（売り切れ次第終了） [休]水曜
●800円（15個入）～
★取り寄せ可

▲紅粉屋（べにこや）長岡店

黒糖を効かせて、皮はふっくら、餡はあっさり。

[住]伊豆の国市長岡854-13
[T]055・947・1239 [F]055・947・1239
[営]9:00～18:00 [休]木曜
●577円（10個入）～ ★取り寄せ可

◀柳月（りゅうげつ）

創業大正5年と伊豆長岡温泉の老舗。薄皮と餡のバランスが絶妙。

[住]伊豆の国市長岡1078-1
[T]055・948・0151 [F]055・948・3157
[営]7:00～18:00（売り切れ次第） [休]火曜
●650円（12個入）～★取り寄せ可

味噌饅頭

◀**紅屋製菓**（べにやせいか）

創業60年。黒糖のふかしまんじゅうで、皮のもちもち感は格別。

住浜松市北区引佐町井伊谷785-5
T053・542・0030
営7：00〜17：00　休月曜
●80円（1個）　★取り寄せ不可

◀**入河屋**（いりかわや）
三ケ日本店

明治18年創業。三ケ日名物「大福寺納豆」を皮に練り込んだ一品。

住浜松市北区三ケ日町下尾奈83-1
T053・525・0902　F053・525・0910
営8：00〜19：30
休なし※臨時休業あり
●88円（1個）　★取り寄せ可

▲**福月堂製菓**（ふくげつどうせいか）

屋号の「福」を焼印。皮は厚めでもちもちし、あっさりした甘さ。

住浜松市北区細江町気賀108-1
T053・522・0307　F053・522・0307
営8：00〜18：00　休水曜
●95円（1個）　★取り寄せ不可

◀**玉華堂**（ぎょっかどう）

創業明治23年。みそと黒糖の風味が程よく、もっちりした食感が人気。

住磐田市今之浦4-18-10
T0538・36・0102
F0538・36・0174
営9：00〜20：00※木曜は〜18：00
休なし　●98円（1個）
★取り寄せ可

◀**菓子司 扇子家**（おおぎや）

黒糖を使わずみそを入れて、ほんのりみそ風味と塩味が効いている。

住牧之原市福岡4
T0548・52・0218
F0548・52・4313
営8：15〜19：30　休水曜
●80円（1個）　★取り寄せ不可

小饅頭

塩津小饅頭老舗▶
（しおつこまんじゅうろうほ）

明治33年創業。甘みを抑えた上品な酒まんじゅう。ひと口サイズが人気。

住静岡市葵区城東町28-1
T054・209・3300
F054・209・3300
営9：30〜18：30　休なし
●263円（6個ばら売り）〜

▲**松風堂**（しょうふうどう）

皮が甘く、添加物なしの味が自慢。午前中で売り切れてしまうことが多い。

住富士市中之郷712
T0545・81・0215
営7：30〜売り切れ次第終了
休木曜※月1回不定休あり
●350円（30個入）
★取り寄せ不可

◀**龍月堂**（りゅうげつどう）

江戸時代から伝わるという東海道島田宿の名物。酒の風味がよく、軽い口当たり。

住島田市本通6-7847
T0547・37・3297
F0547・37・2079
営8：00〜20：00　休火曜
●510円（17個経木詰め）〜
★取り寄せ可

※実際のサイズとは異なります。

門前町の甘味なお散歩

01 静岡浅間神社・浅間通り商店街

弥生、平安、江戸、明治。昭和レトロに、イマドキ平成。
なんだか一気に旅した気分です。

静岡市葵区の繁華街からちょっと足を延ばしたところにある浅間通り商店街。
その名の通り「静岡浅間神社」の門前町です。
地元の人たちから「お浅間さん」と親しまれているこの神社、
実は7つの神社が集まっています。
つまり！全部お参りすれば、
御利益も延命長寿、縁結び、除災招福、技芸上達などなど盛りだくさん。
実にありがたい神社なのです。
それになにより、その緑深い景色は、心を静め穏やかな気持ちにさせてくれる
まさに、癒やしの空間。リフレッシュすることができます。

神社から続く商店街はおよそ600メートル。
その両側に数十軒のさまざまな商店が並び、
ウインドーショッピングのハシゴをするには、もってこい。
江戸時代創業なんていう蕎麦屋やこうじ屋があったり、
昭和レトロな「お櫃」や「羽釜」を発見したり。
もちろん、甘味も。どら焼きからまんじゅう、みそせんべい、イマドキたい焼きまで。
そうそう、正統派の静岡おでんの店もありました。
知っていましたか?
静岡人は「おでん」と「かき氷」をいっしょに食べるのが定番だって話。
気分が軽くなったおかげで、楽しい発見がいっぱいありました。

静岡浅間神社

登呂遺跡の時代からこの地に祀られているという「神部神社」と、平安時代に富士山本宮より分霊を遷したとされる「浅間神社」（写真）。そして境内の西にある「大歳御祖神社」。合わせて3つの社の総称が「静岡浅間神社」。でも今日は、親しみを込めて、地元民の通称「お浅間さん」と呼ばせてもらいましょう。

まずは御神水で身を清めて。左手、右手、口の順番で。柄杓ひとすくいの水でするのがルールとか。心を静めて、丁寧に

一礼の後お賽銭を差し入れ、二礼二拍手。心を込めて、感謝とお願い事を…

境内には他に4つの神社があり、「七社参り」ができます。7つの御朱印を集めれば、きっと願いもかなうはず…

静岡浅間神社

社務所には厄除け、交通安全、開運などさまざまなお守りが…。でもここは浅間神社の主祭神、女性の神様「木之花咲耶姫命」(このはなさくやひめのみこと)にちなんで、縁結びのお守りを。好きな柄を選ぶことができます。

引いたおみくじは十七番。巫女さんから手渡された札には「中吉」の文字。楽しい門前町散歩になりそうな予感

発見。恋の花みくじ。こちらは「小吉」。「大切に身に着けてお持ちください」と記された小さな「恋愛成就守」が一緒に入っていました

神池の周りを1周するように桜が植えられ、気持ちのいい散策コースに。季節がら桜花はないものの、青葉の中を歩くのも気持ちイイ

7社の一つ「少彦名神社」。ひんやりとしたきれいな空気が流れていました

池の真ん中にある橋に立つと、コイが次々やってきて、続いてカメも登場。餌を期待していたのでしょうか…

河内屋

行列のできていた、どら焼き店。親方・森廣良さんが目の前で焼き、餡をはさむ作りたて販売が基本。皮の中には隠し味に白餡、ピーナッツオイルが入っているとか。もちろん餡は手作りで、北海道産小豆を使用。

出来たてをほおばればあったかい皮と甘いあんこに、思わずニッコリ

焼き時間は11:30、14:00、16:00の3回(各1時間)。1人5個まで。1個110円

葵煎餅本家

創業明治2年という「葵煎餅本家」。一番人気のみそ味「葵大丸」、甘めの鶏卵せんべい「瓦せんべい」、飴に落花せんべいを巻いた「ピーナツ巻」、クッキー生地に落花生が入った「駿府太鼓」。いずれも1袋300円。

河内庵

創業享保元年(1716)の老舗蕎麦店。店主・石川寛さんはなんと15代目。かの徳川慶喜さんもこの店の蕎麦を食べたとか。「鴨南ばん」は菜飯がついて1,300円。冷たい蕎麦なら、霧下蕎麦の「二八せいろ」700円もいいかも。

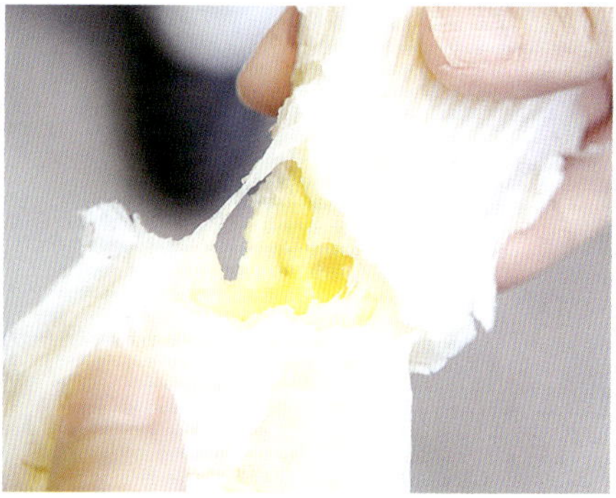

おがわ

開店から60年。大人から子どもまで長く地元民に親しまれてきた静岡おでんの店。まずは「黒はんぺん」80円、「牛すじ」100円から。「静岡人はこれにかき氷を食べるのが夏の定番」と教えてもらいました。

白い鯛やきぱくぱく

平成21年6月オープンのニューウェイブたい焼き店。皮のモチモチ食感の秘密はタピオカの粉。小麦粉とブレンドしてあるのだとか。というわけで、よく伸びます。黒粒餡、白粒餡、クリ、サツマイモ、チーズなど130円〜。

一休茶屋

この地で50余年という名物「黄金まんじゅう」の店。中身は小豆とクリーム。1個100円という値段もうれしい。店内はちょっとレトロな食堂風。ラーメン、定食などもありました。

野崎紙店

お土産にピッタリの「折り紙」、「友禅和紙」、「切り絵セット」。紙の専門店で発見。

色とりどり、いろんな柄の友禅和紙がズラリ。見ているだけで楽しくなってきます

スタッフの浮島真恵さんが、気軽に作り方を教えてくれます

加藤金物店

静岡おでんのための、「特注おでん鍋」から「羽釜」、「お櫃(ひつ)」などちょっと珍しい台所用品に遭遇しました。

「江戸櫃」はサワラ材に銅のタガというのが上等品なのだとか。5合用で12,500円でした

店の入り口には「なつかしい品物に出会える店」の文字が

川村こうじ店

江戸時代から続くこうじ屋。6代目・川村隆宣さんが量り売りしてくれます。

「甘酒の素」1パック500円、「米こうじ味噌」1kg700円、「金山寺味噌」200g300円。「こうじ」を買ってマイみそを作ることもできます

金山寺味噌の中には、キュウリ、ナス、ショウガ、小メロンなどの野菜が入っていました

01

静岡浅間神社・浅間通り商店街

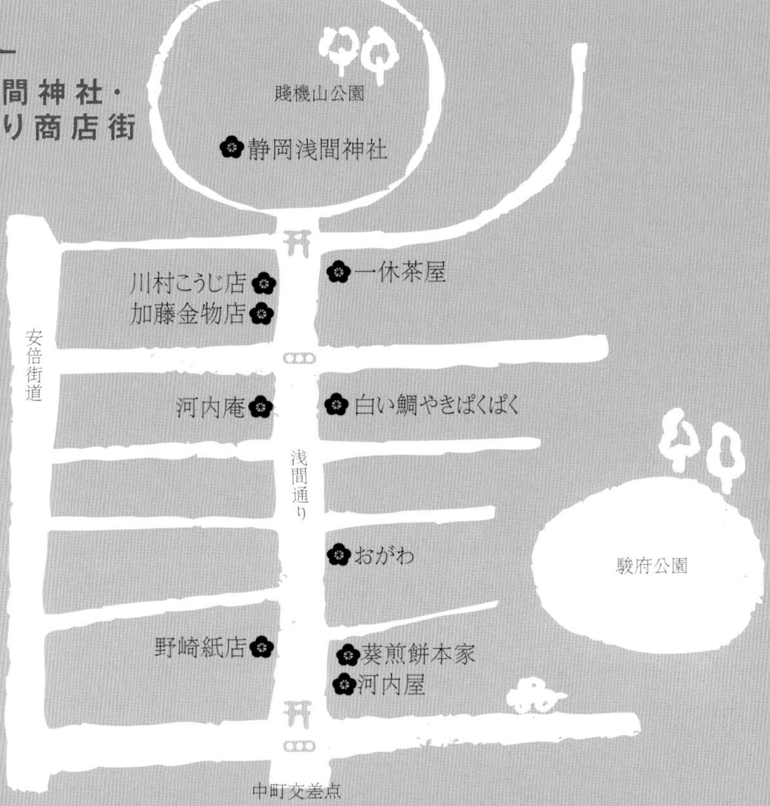

静岡浅間神社
住静岡市葵区宮ヶ崎町102-1
T054・245・1820
HPhttp://www.shizuokasengen.net

河内屋《かわちや》
住静岡市葵区馬場町12-1
T 054・271・4363　営 10：00～18：30頃　休月曜、日曜午後

葵煎餅本家
住静岡市葵区馬場町20
T054・252・6260　営9：00～19：00
※水曜は～17：30　休なし
HPhttp://www.aoisenbei.com

河内庵《かわちあん》
住静岡市葵区宮ヶ崎町74
T054・253・0432　営11：00～15：00、17:00 ～ 20:00　休木曜、月に1回水曜

おがわ
住静岡市葵区馬場町38
T 054・252・2548　営 10：00～18：30
休水曜（祝日営業）

白い鯛やきぱくぱく
住静岡市葵区宮ヶ崎町23
T054・254・9966　営10：00～19：00
休なし

一休茶屋
住静岡市葵区宮ヶ崎町36
T 054・245・9558　営 11：00～19：30
休月曜、第2金曜

野崎紙店
住静岡市葵区馬場町106
T 054・252・4663　営 10：00～18：30
休日曜、祝日
HPhttp://www.nozakikamiten.com

加藤金物店
住静岡市葵区宮ヶ崎町66
T054・245・0697　営9：30～17：00
休なし

川村こうじ店
住静岡市葵区宮ヶ崎町65
T054・246・1998　営8：00～17：30
※土・日曜、祝日は～14：00　休なし

《店データの見方》
住住所　T電話　営営業時間
休定休日　HPホームページ

02 三嶋大社・門前町

せせらぎと、懐かしい風景に触れて
心きれいに、デトックス。

2000年余りの歴史を持つ、
日本三大大社の一つとされる三嶋大社。
旧東海道沿いの大鳥居は重厚な存在感で、
鬱蒼とした森は荘厳ささえ感じる雰囲気。
森林浴を楽しむように
三嶋大社の境内をお散歩したら、
まずは境内にある甘味処で一服…。

三嶋大社

15,000坪もの敷地を誇る大きな神社。伊豆に流刑となった源頼朝が源氏再興を祈願したといういわれにも納得の、厳かでどっしりとした存在感。神池や樹齢1200年！という天然記念物指定のキンモクセイなど、歴史を感じさせる見どころがたくさんありました。

総ケヤキ造りの御殿は重要文化財

夏季限定の「福太郎氷」500円。抹茶と練乳のかき氷に、ひんやりとした福太郎餅がちょこん

福太郎茶屋

三嶋大社の境内にある甘味処の名物「福太郎餅」。上品な甘さのこし餡と、天然よもぎのすっきりとした香りが美味。お餅2個と煎茶で200円でした。

御殿川

大社の周辺を散策。清らかな水の流れに出合えました。

ゑびす参道で出会った、50年近く野菜の行商をしているという鈴木さか江さん

せせらぎ一服処 ムラカミ屋

ゑびす参道でレトロな休憩ステーション発見。駄菓子や三島の散策マップ、お土産などの案内などもしているので、お散歩情報のリサーチはまずここで。

おにぎりカフェ丸平

「わらびもち」450円。注文を受けてから作るわらびもちは、透きとおるような美しさとプルプルの食感がたまらない！（右上）。お餅で作った「もっふる」チョコレート500円（左上）。11時～14時までの「ランチセット」750円（左下）。

渡辺商店

小麦と丸大豆をベースに野菜（ナス、白ウリ、ショウガ、大根）のたくさん入った手作り「金山寺みそ」は240g200円～。みそ1kg530円～、醤油1ℓ330円～。

丸勝食品赤橋売店

赤橋そばに老舗製麺所の直売店を発見。「生そば」75円や、二度蒸ししたやきそば麺「赤むし」、自家製餃子やワンタン、ラーメンセットなどまさに麺のオンパレード。

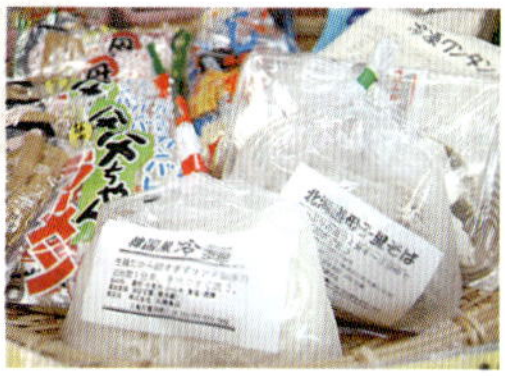

クマノミ雑貨店

三嶋大社から、旧東海道沿いをふらっと歩いていたら、レトロかわいい雑貨店に遭遇。昭和8年築の建物は、もともとはお蕎麦屋さんだったとか。

02
三嶋大社・門前町

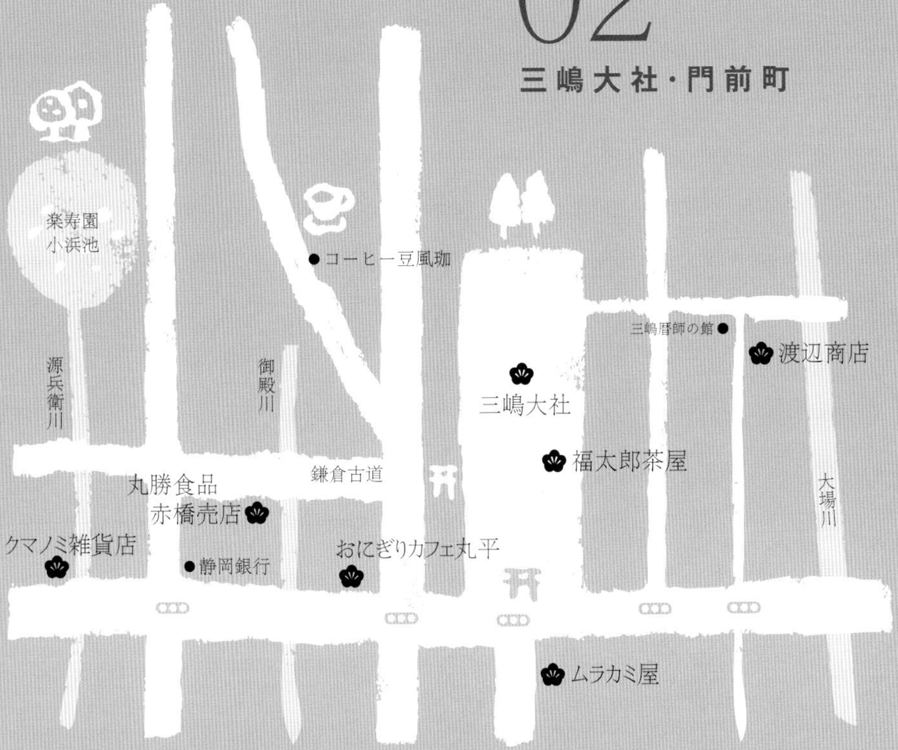

三嶋大社
住三島市大宮町2-1-5
T055・975・0172
HPhttp://www.mishimataisha.or.jp
index.htm

福太郎本舗
住三島市大宮町2-1-5
T055・981・2900　営8：00〜17：00　休なし

せせらぎ一服処　ムラカミ屋
住三島市大社町18-5
営平日11：00〜17：00※土・日曜、祝日は
10：00〜　休水曜

おにぎりカフェ　丸平
住三島市中央町4-16
T055・975・0068　営11：00〜18：00
休火曜　HPhttp://maruhei.exblog.jp

味噌・醤油・金山寺　渡辺商店
住三島市大宮藤2-6-26
T055・971・6370　営8：00〜18：00　休不定休

丸勝食品赤橋売店
住三島市本町1-21
T055・975・3679
営9：00〜17：30　休日曜、祝日

クマノミ雑貨店
住三島市本町3-36
T055・972・2259　営10：00〜18：00ごろ
休水曜（不定）

お家で和菓子講座 ―レシピ❶

季節道明寺

関西風の桜餅でおなじみの「道明寺」。
食紅の彩りを変えれば、季節感を楽しめます。

和菓子は、和菓子職人にしか
作れないと思っていませんか。
実は、家でも簡単に作ることができます。
お手軽レシピで、
あなただけの和菓子づくりに挑戦しましょ。

講師／三浦和幸さん
（季の菓・和店主、参照P37）
和菓子店に生まれ、京都「仙太郎」、新宿「中村屋本店黒光庵」など老舗で修業し、2007年12月に独立。SBS学苑藤枝校で和菓子講座を担当した。

季節道明寺

kisetsudoumyouji

【材料】〈10～11個分〉

- 道明寺粉…100g
- グラニュー糖…50g
- 水…180cc
- 餡…150g（1個15g程度）
  ※和菓子屋でも購入できる
- 食紅（お好みの色で）…少々

1 水とグラニュー糖を火にかけ、沸騰させて蜜を作る。上白糖を使わないのは、グラニュー糖の方が甘さのキレがいいから。

2 鍋の中心がぶくぶく沸騰してきたら、火からはずし、食紅（今回は紫と赤）を少量ずつ垂らしてかき混ぜる。

3 ②に道明寺粉を入れて、1回沸騰させる。道明寺粉の粒は残るぐらいで。

4 火から下ろし、鍋の上にフキンをかぶせて20～30分蒸らす。

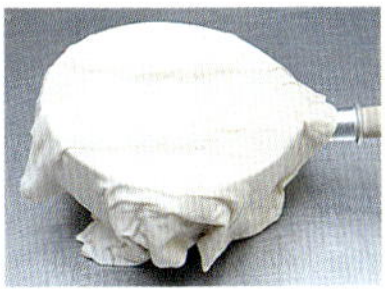

5 道明寺粉の粒がふっくらしてきたらＯＫ。それをクッキングシートの上に広げて軽くこねる。これを1個分20gずつに分ける。

6 餡を1個分ずつ台の上で丸める。
※手の上で丸めると、餡が熱を持ってしまう

7 砂糖水（水80cc、グラニュー糖20g）を手につけて、⑤を片手に広げ、その中に丸めた餡を乗せて、包む。

8 出来上がり
※ラップに包んで常温保存すれば、2～3日もつ

03 富士山本宮浅間大社・お宮横丁

湧水、やきそば、ニジマスバーガー…。
富士山の麓で美味三昧。

全国およそ1300の浅間神社の総本宮「浅間大社」。
その境内からは長い年月をかけて麓に辿り着いた
富士山の雪解け水が湧き出ていました。
そんな場所だからなのでしょうか、辺りの空気はとても澄んでいて、
深呼吸するたびに、体の中がきれいになっていくような気分になりました。

お参りをすませて向かったのは、今や観光名所の一つにもなっている「お宮横丁」。
大ブレイク中の「富士宮やきそば」ののぼりが立つ店をのぞけば、
その香りに早くもノックダウンされそう。
お団子屋さんに、甘味カフェ。ニジマス、LYB豚なんていうご当地グルメの店も並んでいて…。
さて、何から食しましょう？

富士山の湧水から生まれた「湧玉池」

湧玉池から続く神田川の水辺はちょっとひと休みにピッタリ

富士山本宮浅間大社

霊峰富士を御神体とする浅間大社。天気がよければ富士山という絶景をのぞめるのですが、本日はあいにく…。御祭神は木花之佐久夜毘売命（このはなのさくやひめのみこと）で、火難消除、安産、航海、漁業、農業、機織などの守護神として崇められている、とても美しい女性の神。境内には静かで厳かな空気が流れていました。

本殿、拝殿、楼門は徳川家康公が寄進したものなのだそう。中でも本殿は二重の楼閣造という大変珍しいものとか

和カフェぷくいち

もちもち白玉と抹茶寒天、赤エンドウ豆の塩けとさっぱりとした甘みの浅練り餡、さらにフルーツもついて、しあわせいっぱい。「白玉あんみつ」550円。

製餡メーカー直営の甘味処だから「あんみつ」「白玉ぜんざい」など餡メニューがいろいろ

むすびや

わらび粉100%の「わらびもち」380円、数ある団子メニューの中でも一番人気の「みたらしだんご」3本250円、ついつい手が出てしまう「天むす」2個300円。ほかに「のり巻き」、「いなり」、「赤飯」なども。

入り口には富士宮やきそば麺許皆伝のお墨付き。「塩やきそば」500円が評判

ジェラートは毎朝手作り。足りなくなればその場で追加手作りと鮮度はバツグン！朝霧高原の牛乳を使用

ジェラートぷくいち

チョイスしたのは「しぼりたてミルク」と「静岡抹茶」のダブルジェラート350円。その口溶けの滑らかさにビックリ。

やきそばすぎ本

富士宮で一番古い老舗やきそば専門店。「富士宮やきそば」（イカ入り）並450円。鰯・鯖の削り粉とお好みで一味か七味をかけて食べるのが富士宮では常識なのだそう。ちょっと甘めのオリジナルソースがクセになりそう。

ポーク神社

富士山の溶岩で焼いた富士宮名物・LYB豚の「ロースステーキ定食」1000円。脂のさっぱりとしたおいしさに感動。なぜに神社？聞けばポークジンジャーから命名とのこと。ほかにも「ブタ丼」、「モモ串」なんてメニューも。

鱒益分岐店

富士宮はニジマスの養殖日本一。大社の門前なので御利益の「益」。鱒（マス）の御利益があって街が潤うようにと名付けたとか。「虹鱒のハンバーガー」トマトバジル味400円。ニジマスのフリッターにトマト、バジルソースが意外にピッタリ！

富士宮やきそば学会アンテナショップ

この学会こそ、富士宮やきそばブームの火付け役。焼青唐辛子入りの「冬ソバ」500円(手前)と、麺が赤い!「激香夏麺」500円。富士宮やきそばは今、激辛人気。「やきそばドロップス」、絵馬ならぬ「奉納麺馬」などやきそばグッズも販売。

きたがわ

ヤッタ、大吉！大社名物の「御くじ餅」6個入り700円は、お土産にもピッタリ。白餡には朝霧高原の牛乳が練りこんであるとか。

富士宮の名物、名産がいろいろそろう土産物店。要チェックです。

江戸屋本店

創業明治2年というパン屋さん。加藤ファームの「朝霧高原の卵」と「あさぎり牛乳」使用の「クリームパン」147円と、「酒種あんぱん」136円は店の一番人気。

文具の蔵Rihei

江戸時代から紙や油を商いにしていたという文具店。店の奥には蔵のギャラリーが。店の中を小さな川が流れている店としても有名で、誰でも自由に見学可能。

湧水

お宮横丁で見つけた富士山の湧水ポイント。自由に汲んで飲むことができます。

03
富士山本宮浅間大社・お宮横丁

✿ 富士山本宮浅間大社
住富士宮市宮町1-1
T0544・27・2002
HP http://www.fuji-hongu.or.jp

✿ 和カフェぷくいち
住富士宮市宮町4-23お宮横丁
T0544・25・2061
営10:00〜17:30　休不定休
HP http://www.puku-ichi.com

✿ むすびや
住富士宮市宮町4-23お宮横丁
T0544・25・2144
営10:00〜18:00
※月曜は11:00〜15:00　休なし

✿ ジェラートぷくいち
住富士宮市宮町4-23お宮横丁
T0544・25・2061
営10:00〜17:30　休不定休
HP http://www.puku-ichi.com

✿ やきそばすぎ本
住富士宮市宮町4-23お宮横丁
T0544・24・8272
営10:30〜17:00　休火曜

✿ ポーク神社
住富士宮市宮町4-23お宮横丁
T0544・26・6666
営11:00〜18:00※冬は〜16:00
休月曜

✿ 鱒益分岐店《そんえきぶんきてん》
住富士宮市宮町4-23お宮横丁
T0544・26・2197
営10:00〜17:00　休水曜

✿ 富士宮やきそば学会 アンテナショップ
住富士宮市宮町4-23お宮横丁
T0544・22・5341
営10:30〜17:30LO　休なし

✿ 名産品売店 きたがわ
住富士宮市宮町4-23お宮横丁
T0544・66・6008　営10:00〜17:00
休不定休

✿ 江戸屋本店
住富士宮市宮町3-2
T0544・27・2003
営9:00〜19:00※水曜は〜18:00
休なし
HP http://www.edoya-land.com

✿ 文具の蔵Rihei
住富士宮市宮町8-29
T0544・27・2725　営9:00〜17:00
休1月1・2日、盆の2日
HP http://www.rihei.co.jp

✿ 湧水
住富士宮市宮町4-23お宮横丁

04 興津清見寺・旧東海道

歩けば歩くほど、心に響く再発見!
「昔ながら」をたっぷり楽しむ、スローな休日。

東海道線に乗って、JR興津駅へ。
清見寺のある旧東海道をゆっくりのんびり歩いてみると
そこには昔懐かしい風景がたくさん残っていました。
土地に根付いた庶民派のお菓子屋さんや魚屋さん、
昔ながらの製法を守りながら本物の味を追求している
醤油の蔵元やそうめんの店。
この町で一日のんびり過ごしてみて、思いました。
「昔ながら」がこんなに楽しめる街は今や貴重な存在です。
もしかしたら、とっても「贅沢」なことなのかもしれません。

清見寺

およそ1300年前、この地に関所が設けられた時に仏堂が建立されたのだそうで、それが清見寺の始まり。足利尊氏、今川義元、豊臣秀吉、徳川家康など数々の名将たちと深いかかわりを持ってきたという格式高いお寺です。名勝と言われるこの庭園の築庭には家康も関係したとか。

伏見たいやき屋

白い暖簾が目印のたい焼き屋さん。手際良く焼かれていくたい焼きの香りに誘われて、思わず入ってしまいました。愛らしい顔をしたたい焼きは皮が厚くパリッとしてほのかに甘く、粒餡のやわらかな口溶け感が懐かしい。1個100円。

ずんどう焼本舗

なぜ「ずんどう焼」？実は、「ずんどう亭」と呼ばれていた料亭から名前をとったそう。定番の小豆のほかにも、クリーム、キムチ、ツナが。キムチが生地と意外にマッチしていて、新しい！かも。「ずんどう焼」各70円。

望月菓子店

2代目の望月智恵子さんが朝早くから一人で仕込みを開始して、毎日70個ほど作っているそう。摘んできたよもぎがたっぷり入った素朴な味でした。売り切れ次第終了なのでお早めに。「大福もち」110円。

ふなじ うしほ屋

大正5年から続く老舗。店内には上生菓子などキレイな和菓子がたくさん並んでいました。「うしほ屋」と言えば「ナマドラ」120円！ふわふわの生地に包まれた甘さ控えめの生クリームが美味。餡入りタイプもお薦めです。

魚格出口魚店

白身魚をメインに扱う魚屋さんの人気商品は、キス、ハモのすり身で作った「揚げはんぺん」1枚80円。プリッとした食感がたまりません！

伏見醤油

旧清水でただ1軒残る醤油の蔵元。「こいくち生醤油」1ℓ390円は刺身に合う昔ながらの甘口で、口の中に広がる旨味が特徴。さすが魚の街清水・興津です。

大澤製麺所

昭和29年の創業以来、添加物なし、天日干しにこだわって「そうめん」と「ひやむぎ」を作っている貴重な店。店内ではラーメン、うどんの生麺も販売していました。

今では滅多にお目にかかれないレトロなポスト発見

一歩路地に入るとこんな懐かしい風景が。これぞ興津のいいところ

東海道線に乗ってゆっくりのんびり旅をするのも、たまにはいいですよね

04
興津清見寺・旧東海道

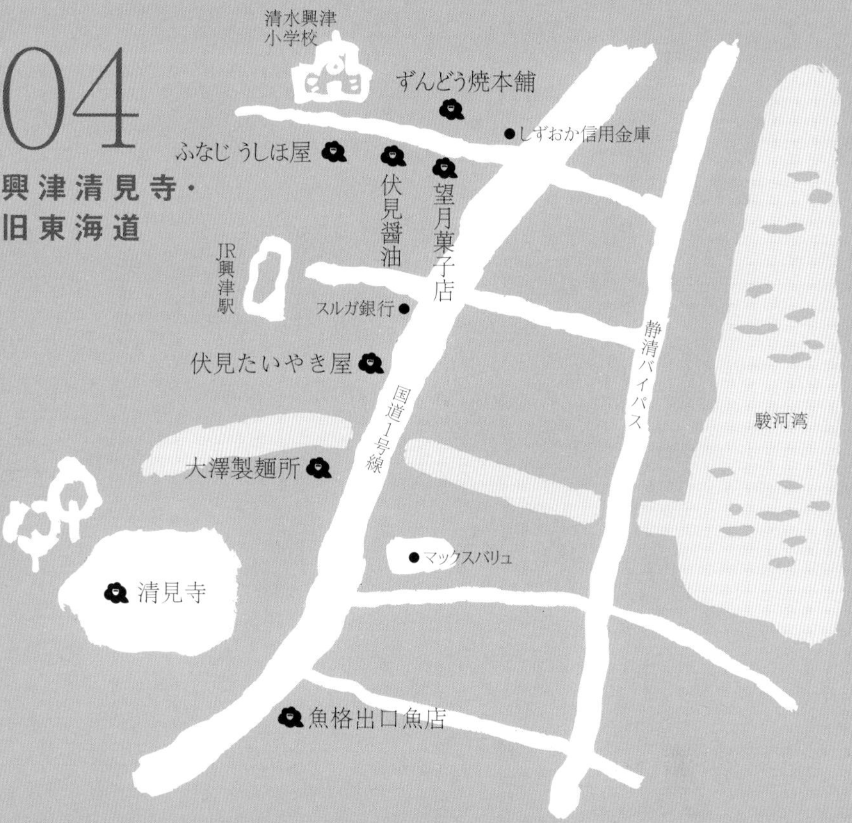

清見寺
住静岡市清水区興津清見寺町418-1
T054・369・0028
HPhttp://seikenji.com

伏見たいやき屋
住静岡市清水区興津中町198-1
T 054・369・1343　営 10:30～18:00（売り切れ次第終了）　休不定休※7月～9月は休み

ずんどう焼本舗
住静岡市清水区興津中町275-12
T054・369・0501　営11:00～19:00※日曜、祝日は～18:00（売り切れ次第終了）　休月曜

望月菓子店
住静岡市清水区興津中町273
T054・369・1248
営7:00～売り切れ次第終了
休木・土曜※7月お盆から8月お彼岸まで休み

ふなじ うしほ屋
住静岡市清水区興津中町385-9
T054・369・0341　営9:00～19:00
休月曜、月1回火曜休み

魚格出口魚店
住静岡市清水区興津清見寺町97
T054・369・0336　営 9:00～17:30
休土曜

伏見醤油
住静岡市清水区興津中町272
T054・369・0009　営8:00～19:00
休日曜

大澤製麺所
住静岡市清水区興津中町186
T054・369・0943　営9:00～19:00
休 なし

05 森町小國神社・小國ことまち横丁

古代の森で癒やされて、おいしい横丁で、しあわせ気分。

樹齢数百年の老杉が続く小國神社の参道。
「古代の森」という名にふさわしい荘厳な空気。
圧倒的な存在感がある重厚な社殿。
お参りをして、境内を歩いて、ココロが軽くなったら…。
神社のすぐ隣に生まれた新名所「ことまち横丁」へ。
境内にある「事待池(ことまちいけ)」から付けられた名前なのだそうで
お参り後のお休み処として今や大人気のスポット。
それもそのはず、お茶や団子、せんべい、かりんとう、ジェラート、うどん…。
ウ〜ン、どれから食べようかな。

小國神社

昔は願い事を待つという意味の「許当麻知(ことまち)神社」、願った通りかなうという意味の「事任(ことのまま)神社」と呼ばれていたとか。それにご神体は大己貴命(おおなむちのみこと)。あの「因幡の白うさぎ」でウサギを助けた心優しい神様です。さっそくお願い事しなくっちゃ。

八王子宮と呼ばれるお宮の前にある「事待池」

ショウガ味のさっぱり濃縮ドリンク、その名も「小國ジンジャー」630円。薄めてジュースに、そのままジャムに

色とりどりのこんぺいとうは子供たちに大人気！1袋250円

茶寮宮川

お参りを終えて、まずは横丁の玄関、「茶寮宮川」へ。入口でいただいたお茶のおいしさにホッ。100年以上の歴史を持つ森町の老舗茶舗「ヤマチョウ鈴木長十商店」の直営店でした。

名物の「ことまち開運団子」2本250円は必食！うるち米100％の生新粉で作っているのでもっちもち

夏の定番かき氷。「いちごミルク」は遠州産の「紅ほっぺ」、「優煎茶」は無農薬の最高級茶葉を使っているとか。350円～（～9月末）

寺子屋本舗

焼きたてのおせんべいは醤油、特上海苔など8種類以上。懐かしい味でした。

もち焼きせんべい、おかき、あられの専門店。国産餅米100％だから外サク、中ふんわりの食感になるのだそうです

焼きたて「串ぬれおかき」は「醤油」、「七味」、「ごま」、「青のり」の４種類で1本200円

隠れ河原のかりん糖

大人気のかりんとう専門店。基本の「黒糖」ほか、「きんぴらごぼう」、「竹炭」、「わさび」(1袋162円〜)など30種類。色も味もいろいろあってビックリ。

華うどん

うどんとラーメンを販売。名物の「わさびおろしうどん」600円はさっぱりした辛さで食が進む！密かな夏の人気者は「冷やし味噌ラーメン」550円なんだそう。

ジェラートまいむ

30種類のフレーバーの中から、常時10種類ほどを用意しているそう。欲張って「ティラミス」と「イチゴミルク」のダブルチョイスで1個300円〜。カップかコーンを選べます。注文後にミキシングする「メロンジュース」は350円。森町産の高級クラウンメロンを使っていて、さわやかな甘さが口中に広がります。

05

森町小國神社・小國ことまち横丁

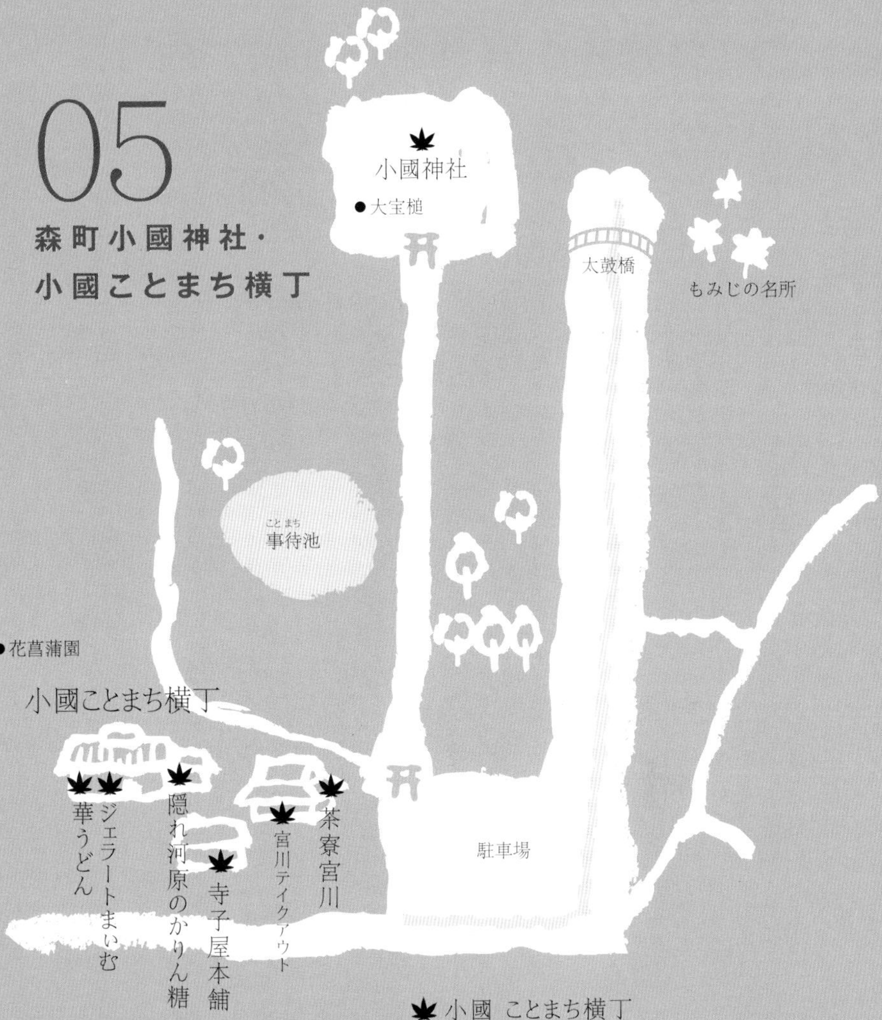

遠江國一宮　小國神社

住 周智郡森町一宮3956-1
T 0538・89・7302
HP http://www.okunijinja.jp

小國　ことまち横丁

住 周智郡森町一宮3956-16
営 9:30〜16:30頃　休 なし
HP http://www.kotomachi.com
※横丁内各店共通

茶寮宮川　T 0538・89・6116

寺子屋本舗　T 0538・89・6116

隠れ河原のかりん糖　T 0538・89・6688

ジェラートまいむ　T 0538・89・6688

華うどん　T 0538・89・6688

お家で和菓子講座 ——レシピ②

黒糖わらびもち

やわらかな食感で、上品な味わいの「わらびもち」。
黒糖の甘みがクセになりそうです。

黒糖わらびもち
kokutouwarabimochi

【材料】〈５～６人分〉

- わらび粉…50ｇ（本わらび粉は高価なので、スーパーマーケットで手に入る商品で十分）
- グラニュー糖…100ｇ
- 黒糖…25ｇ（国産がお薦め。アクが残らず喉越しもいい）
- 水…２50cc
- きな粉…適量

1 わらび粉に少しずつ水を入れて、手で溶く。粉が溶けているのを指先で確認することがポイント。水は半分使う。

2 ①を茶漉しで漉しながら鍋へ。残りの水でボウルを洗うようにして、すべて茶漉しで漉す。

3 ②にグラニュー糖と黒糖を一気に入れて、ゆっくりかき混ぜながら強火で沸騰させる。

4 ５～６分ぐらいでとろみが出てきたら、火から下ろす。

5 わらび粉のコシとツヤを出すため、しっかり混ぜ合わせ、練る。

6 ⑤を型に流して、常温で一晩寝かす。空気は入ったままでＯＫ。急ぐ場合は冷蔵庫で50分ぐらい。

※上面と下面の中心部が冷えるぐらいが目安

7 固まった（形が崩れない程度）⑥を、きな粉を敷いたバットにあける。型から取り出す際、⑥の上にきな粉を掛けると取り出しやすい。

8 バット上でお好みの大きさに包丁で切り、きな粉をまぶして、出来上がり。

※冷たく食べたいときは、１時間前に冷蔵庫へ。ラップに包んで常温保存すれば2～3日もつ。

和菓子カタログ

ほっこり甘味なとっておき

INDEX

[住]住所
[T]電話　[F]ファックス
[営]営業時間
[休]定休日　[P]駐車場
[HP] ホームページ
●おすすめ（紹介商品とその他のおすすめ商品情報）
★取り寄せ（取り寄せ方法）

■小戸橋製菓（ことばしせいか） P24
[住]伊豆市月ヶ瀬580-6
[T]0558・85・0213　[F]0558・85・1741
フリーダイヤル：0120・456・996
[営]8：00～17：00※夏期は～18：00
[休]不定休　[P]15台
[HP]http://www.kotobashi.com
●「猪最中」110円（1個）、「バタどら」120円（1個）、「うりんぼう」95円（1個）
★一部の商品OK（電話、FAX、インターネット受付）

■和菓子ときわぎ P25
[住]熱海市銀座町14-1
[T]0557・81・2228　[F]0557・81・2228
[営]9：00～19：00
[休]木曜（祝日営業）　[P]なし
[HP]http://www.tokiwagi.co.jp
●「きびもち」750円（16個入）、「栗ようかん」1,500円（2本入）、「一口羊羹」1,050円（10個入）、「最中」1,100円（12個入）
★一部の商品OK（電話、FAX受付）

■永楽堂（えいらくどう） P25
[住]賀茂郡松崎町宮内300-2
[T]0558・42・0270　[F]0558・42・3502
[営]7：30～19：00
[休]木曜（祝日営業）　[P]中瀬邸駐車場利用（3時間まで無料）　[HP]なし
●「長八さくらもち」115円（1個、販売は2個～）、「あんみつ」400円(1個)、「白玉」400円（1個）
★一部の商品OK（電話、FAX受付）

■ふかせ菓子店 P26
[住]伊豆の国市大仁284
[T]0558・76・1225　[F]0558・76・1225
[営]9：00～20：00
[休]日曜　[P]2台　[HP]なし
●「狩野川の若鮎」100円（1個）、「水まんじゅう」130円（1個）、「ソフトチーズ」210円（1個）
★一部の商品OK（電話受付）

■菓子舗あまの P26
[住]沼津市西沢田391
[T]055・923・8119　[F]055・925・4788
[営]9：00～18：00前後※季節により異なる　[休]なし（元旦のみ休み）　[P]6台
[HP]http://www.amano.to
●「揚萬念」84円（1個）、「あげチョコっと」105円（1個）、「栗萬念」157円（1個）
★一部の商品OK（電話、FAX、インターネット受付）

■ほさか大手町店 P26
[住]沼津市大手町5-2-9
[T]055・951・1515　[F]055・951・1516
[営]9：30～19：00　[休]なし　[P]なし
[HP]http://plaza.across.or.jp/~hosaka98
●「栗せん」400円（18枚入）、「茶せん」400円（33枚入）、「ゴルフまんじゅう」80円（1個）
★すべての商品OK（電話、FAX、インターネット受付）

■清光堂（せいこうどう） P26
[住]沼津市新宿町4-7
[T]055・921・3265　[F]055・921・3265
[営]8：30 ～ 19：00
[休]水曜（祝日営業）　[P]3台　[HP]なし
●「やきだんご」100円（1本）、「珈琲大福」155円（1個）、「生どらやき」（小倉、抹茶）各135円（1個）
★NO

■兎月園（とげつえん） P27
[住]三島市中央町3-40
[T]055・972・2366
[F]055・972・7298
[営]7：00～19：00※水曜は～17：00
[休]なし　[P]6台
[HP]http://togetsuen.ciao.jp
●「上生菓子」220円（1個）、「ミニ上生菓子」1,250円（10個）、「三島ざくら」110円（1個）、「らくじゅの実」80円（1個）
★一部の商品OK（電話受付）

■**中山豆店** P28
[住]富士市吉原2-1-17
[T]0545・52・0659　[F]0545・52・0659
[営]9：00〜19：00
[休]水曜　[P]吉原本町駐車場利用1000円以上で1時間無料　[HP]なし
●「甘納豆」（小豆、金時豆、青えんどう、白いんげん、そら豆）各179円（100g）
★すべての商品OK（電話、FAX受付）

■**菓亭わかつき** P28
[住]富士市本市場22-2
[T]0545・61・4863　[F]0545・61・3112
[営]9：00〜11：00※日曜、祝日は〜18：00
[休]月曜（祝日営業、翌日休み）　[P]6台
[HP]なし
●「あんみつ」400円（1個）、「きんつば」120円（1個）、「あずきアイスキャンデー」110円（1本）
★一部の商品OK（電話、FAX受付）

■**郷土和菓子処小松屋** P29
[住]静岡市駿河区馬渕2-10-30
[T]054・285・4944
[F]054・285・4944
[営]9：00〜18：00
[休]月曜（祝日営業、翌日休み）　[P]あり
[HP]http://www.godan1896.net
●「家紋入りごだん」大1,470円・中1,100円・小840円（各1セット、4日前までに予約）、「最中」1,000円（6個入）、「駿河凧」1,290円（8個入）
★NO

■**風土菓庵原屋**（いはらや） P30
[住]静岡市清水区銀座14-14
[T]054・366・1022　[F]054・366・1116
[営]9：00〜18：30
[休]水曜　[P]契約あり　[HP]なし
●「たま最中」95円（1個）、「次郎長最中」158円（1個）、「かすてら」1,050円（1箱）
★すべての商品OK（電話、FAX、インターネット「47CLUB」受付）

■**追分羊かん本店**（おいわけようかん） P30
[住]静岡市清水区追分2-13-21
[T]054・366・3257　[F]054・366・3259
[営]8：30〜17：30
[休]不定休　[P]10台
[HP]http://www.oiwakeyokan.com
●「追分羊かん」970円(1棹)、「きざみ栗羊かん」970円(1棹)、「茶摘みこもち」580円（8個入）
★すべての商品OK（電話、FAX受付）

■**飯塚製菓** P31
[住]静岡市葵区新通1-10-2
[T]054・253・0841　[F]054・253・0917
[営]8：00〜18：00（売り切れ次第終了）
[休]日曜　[P]3台　[HP]なし
●「アイスまんじゅう」80円(1本)、「まっ茶まんじゅう」100円(1本)、「バナナアイス」60円(1個)
★一部の商品OK(電話、FAX受付)

■**松木屋**（まつきや） P31
[住]静岡市葵区鷹匠3-1-7
[T]054・252・1704　[F]なし
工場売店：
[T]054・284・2955　[F]054・284・6732
[営]9：30〜18：00
[休]水曜　[P]共同駐車場　[HP]なし
●「うさぎ餅」105円(1個)、「栗どら焼」180円(1個)、「いちご大福」200円(1個、11月末〜6月初)
★すべての商品OK（電話、FAX受付）

■**水月**（すいげつ） P31
[住]静岡市葵区安東2-21-1
[T]054・246・6708　[F]054・246・6708
[営]10：00〜18：00（売り切れ次第終了）
[休]水曜　[P]3台　[HP]なし
●「うわさのどら焼き」178円（1個）、1,098円（6個入）、1,880円（10個入）、2,820円（15個入）〜※いずれも箱代含む
★一部の商品OK（電話、FAX受付）

■**増田屋** P31
[住]静岡市葵区屋形町4
[T]054・252・6967　[F]054・252・6967
[営]8：00〜19：00
[休]月曜　[P]2台　[HP]なし
●「よろづ代」75円(1個)、「柚子最中」350円(1箱)〜、「焼き菓子詰め合わせ」（よろづ代、本まんじゅう、唐まんじゅう、桃山、茶通）840円（1箱）〜
★一部の商品OK（電話受付）

■**カクゼン桑名屋**（かくぜんくわなや） P32
[住]静岡市駿河区森下町1-39
[T]054・285・7668　[F]054・287・4565
[営]9:00〜18:20※土・日曜、祝日は〜16:50
[休]日曜※月1回土曜との連休あり
[P]2台　[HP]http://hachinoji.jp
●「8の字」320円（120g）、「8の字お茶味」230円（65g）、「8の字紅茶味」230円（65g）
★一部の商品OK（電話、FAX、インターネット受付）

■**松柏堂本店**（しょうはくどう） P33
[住]静岡市葵区鷹匠2-3-7
[T]054・252・0095　[F]054・252・0106
[営]10：00〜19：00
[休]月曜　[P]3台　[HP]なし
●「新あべ川餅」1,000円（1箱、注文は2箱から）、「慶應最中」1,300円（10個入）、「阿部乃華」1,490円（8個入）
★一部の商品OK（電話、FAX受付）

■仁志乃（にしの） P33
住静岡市葵区車町6
T054・252・9389　Fなし
営9：00〜18：00（売り切れ次第終了）
休日曜、月末の月曜　P1台　HPなし
●「みたらしだんご」115円（1本）、「胡麻みつだんご」115円（1本）、「こしあんだんご」115円（1本）
★NO

■飴屋河合（あめやかわい） P34
住焼津市浜当目2-1-1
T054・628・2402　F054・628・2645
営8：30〜19：00
休水曜（祝日営業、翌日休み）　P4台
HPhttp://www.jin.ne.jp/ameya
●「だるま最中」110円（1個）、「焼津小饅頭」350円（12個入）、「吟醸酒ケーキ」1,100円（1箱）
★生菓子以外の商品OK（電話、FAX、インターネット受付）

■フォンテーヌ府中屋（ふちゅうや） P35
住藤枝市本町3-5-4
T054・641・0359　F054・645・2927
営8：30〜20：30
休月曜　P6台　HPなし
●「サッカーエース最中」578円（6個入）、「ブランデーケーキ」1,365円（1本）、「コーヒーロール」1,260円（1本）
★すべての商品OK（電話、FAX受付）

■清水屋（しみずや） P35
住島田市本通2-5-5
T0547・37・2542　F0547・36・3601
営8：30〜20：00※火・水曜は〜19：00
休なし　P契約駐車場あり
HPhttp://www5.ocn.ne.jp/~komanjyu/
●「黒大奴」945円（15個入）、「小饅頭」420円（9個入）、「あんとう」1,500円（6個入）★すべての商品OK（電話、FAX、インターネット受付）

■おたけせんべい本舗 P36
住藤枝市藤枝4-1-16
T054・641・0979　F054・645・2548
営9：00〜18：00※月曜は〜17：00
休なし
P2台ほか商店街の契約駐車場あり
HPhttp://www.otakesenbei.co.jp
●「おたけせんべい箱入り詰合せ」700〜5,000円（1箱）、「おたけせんべい袋入り詰合せ」525〜2,100円（1袋）
★すべての商品OK（電話、FAX受付）

■たいやきや P36
住島田市川根町家山668-3
T0547・53・2275　F0547・53・3917
（食品加工部キイチ食品）
営10：30〜15：30
休水・木曜、第3日曜　P3台　HPなし
●「抹茶たいやき」（川根茶付き）140円（1個）、「おでん」80〜100円（1本）、「焼きそば」450円（1皿）
★一部の商品OK（電話、FAX受付）

■加藤菓子舗 P36
住島田市川根町身成3530-5
T0547・53・2176　F0547・53・2081
営8：00〜18：00
休月曜、第1火曜（祝日営業、翌日休み）
P5台　HPなし
●「川根大福」1,025円（6個入）〜、「川根茶プリン」220円（1個）、「家山もなか」135円（1個）
★一部の商品OK（電話、FAX受付）

■松浦食品 P36
住榛原郡吉田町住吉1425-5
T0548・32・0717　F0548・32・9152
営9：00〜18：00
休なし　P10台
HPhttp://www.imomatsuba.com
●「芋まつば」（プレーン、黒糖、蜂蜜）345円（1袋）、「ポテトチップス」230円（1袋）、「かりんとう」各種380円（1袋）
★すべての商品OK（電話、FAX、インターネット受付）

■季の菓・和（ときのか・やわらぎ） P37
住藤枝市南駿河台5-4-20
T054・644・0289　F054・644・0289
営9：30〜18：00　休日曜、第3月曜
P3台
HP http://tokinokayawaragi.eshizuoka.jp（ブログ）
●「上生菓子」250円（1個）、「栗きんとん」250円（1個）、「薬膳菓・不老」1,500円（1箱）
★一部の商品OK（電話、FAX、インターネット受付）

■かめや本店 P38
住御前崎市池新田4110-4
T0537・86・2125　F0537・85・3700
営8：00〜19：00　休なし　P10台
HPhttp://www.kamemanjyu.com
●「亀まんじゅう」368円（1個）〜、「ミニ亀まんじゅう」105円（1個）、「鶴亀まんじゅう」1,470円（1セット）〜
★すべての商品OK（電話、FAX、インターネット受付）

■御餅処もち屋 P39
住掛川市葛川228-1
T0537・22・4833　F0537・28・7558
営9：00〜18：30
休水曜　P8台　HP なし
●「振袖餅」110円（1個）、「あまったれだんご」80円（1本）、「おはぎ」120円（1個）
★NO

■おいもや P39
住掛川市大渕9641
T0537・48・4738　F0537・48・2212
営9：00〜16：00　休土・日曜　P3台
HPhttp://www.oimoya.net
●「干し芋角切り」2,260円（5袋入）、「ふわとろ大福」1,575円（6個入）、「キャラメルアイスクレープケーキ」2,730円（1個）
★すべての商品OK（電話、インターネット受付）

■御菓子所五太夫きくや
（ごだゆうきくや） P39
住袋井市高尾町25-7
T0538・43・4178　F0538・42・2327
営9：00〜19：00
休木曜　P5台　HPなし
●「丸凧」85円（1個）、「北の丸」85円（5本入）、「たまごふわふわ味噌かすてら」80円（1個）、「伝説の葛湯 葛布氷」120円（1個）
★一部の商品OK（電話、FAX受付）

■栄正堂（えいしょうどう） P39
住周智郡森町森584-1
T0538・85・2517　F0538・85・2517
営8：00〜19：00
休水曜　P5台　HP なし
●「梅衣」130円（1個）、「東風梅」（こちめ、梅果肉入り梅羊かん）1,000円（1本）、「みそまん」84円（1個）
★一部の商品OK（電話、FAX受付）

■又一庵（またいちあん） P40
住磐田市見付1767-4
T0538・33・1600　F0538・36・0381
営9：00〜20：00　休なし　P14台
HPhttp://www.mataichian.co.jp
●「きんつば」120円（1個、栗のみ150円）、「お茶芽」120円（1個）、「寿美ろーる」1,700円（1本、ハーフ850円）
★すべての商品OK（電話、FAX、インターネット受付）

■御菓子司福づち（ふくづち） P40
住浜松市天竜区二俣町二俣1079
T053・925・4344　F053・925・4344
営9：00〜19：00
休水曜　P3台　HP なし
●「炭焼きみたらし団子」80円（1本）、「くるみ餅」110円（1個）、「最中天竜の鮎」130円（1個）
★NO

■遠州菓子処 むらせや P41
住浜松市天竜区二俣町340-1
T053・925・2348　F053・925・5339
営8：00〜19：30※日曜は〜19：00
休第3水曜　P10台
HPhttp://www.muraseya.co.jp
●「栗むしようかん」1,300円（1本、9月初旬〜11月下旬）、「二俣城最中」130円（1個）、「信康餅」120円（1個）
★すべての商品OK（電話、FAX、インターネット受付）

■春華堂本店（しゅんかどう） P41
住浜松市中区鍛冶町321-10
T053・453・7100　F053・453・5600
営10：00〜20：00　休なし　Pなし
HPhttp://www.shunkado.co.jp/home.htm
●「麦こがし」945円（5個入）、「うなぎパイ」1,155円（16本入）、「ざる豆腐チーズケーキ」1,050円（1個）、「とら焼」1050円（5個入）
★NO

■御菓子司杉野屋 P42
住浜松市中区浅田町158-2
T053・454・5087　F053・454・5087
営9：00〜19：00※日曜は〜18：00
休月曜　P3台
HPhttp://www.suginoya1937.jp
●「上生菓子」120円（1個）〜、「栗むし羊羹」756円（1本）、「団子」70円（1本）〜、「大吟醸手焼きどら焼」（小豆あん、白豆あん）各140円（1個）
★一部の商品OK（電話、FAX受付）

■卯月園（うげつえん） P43
住浜名郡新居町1293
T053・594・0267　F053・594・0448
営8：00〜12：00
休水曜　P1台　HPなし
●「うず巻」145円（1個）、「うず巻あん入り」198円（1個）、「わらび餅」105円（1個）
★一部の商品OK（電話、FAX受付）

■菓匠大しろ（おおしろ） P43
住浜松市浜北区小松1238
T053・586・7927　F053・586・7927
営9：30〜19：00※売り切れ次第終了
休火曜※月に2・3回不定休あり
P8台　HP なし
●「豆大福」170円（1個）、「季節の生菓子」130円（1個）〜、「浜名糖」750円（1箱）
★一部の商品OK（電話、FAX受付）

企画・編集　静岡新聞社 出版部

スタッフ

海野志保子・大石真弓・梶　歩・鈴木啓司・鈴木和登子・
高岡基・瀧戸啓美・田中三智子・永井麻矢・南條亜紀子・
深澤二郎・牧野記代子・溝口裕加・宮崎敏史・山﨑南香

デザイン

komada design office
長倉加代子

ぐるぐる文庫　しずおか和本舗　甘味本

2009年9月18日　初版発行

著　者　静岡新聞社
発行者　松井純
発行所　静岡新聞社
〒422-8033　静岡市駿河区登呂3-1-1
TEL　054-284-1666

印刷・製本　大日本印刷株式会社

ISBN978-4-7838-1906-6　C0036